Los dinosaurios

Penelope Arlon
y Tory Gordon-Harris

Cómo explorar tu mundo

Los dinosaurios está lleno de criaturas prehistóricas y datos muy interesantes. Si conoces las partes del libro, te será más divertido leerlo… ¡y aprenderás más al hacerlo!

Aventuras

Este libro te hará viajar en el tiempo para conocer los grandes dinosaurios del período Triásico, el Jurásico y el Cretácico. Aprende sobre fósiles, cazadores de fósiles y datos increíbles sobre dinosaurios.

La introducción nos presenta un feroz combate.

La leyenda nos da información sobre el Allosaurus, *que es el rival del* Stegosaurus.

El cuadro de datos nos indica lo que comía cada dinosaurio, su tamaño y mucho más.

Stegosaurus contra

El *Stegosaurus* era un gigantesco dinosaurio herbívoro con grandes placas en el lomo. Era muy grande, ¡pero debía cuidarse del *Allosaurus*!

El combate
Si un *Allosaurus* lograba matar a un *Stegosaurus*, tenía comida para varias semanas. Veamos cómo podrían haber peleado estos animales.

La gruesa piel de Stegosaurus lo pr de los dientes de enemigo.

STEGOSAURUS

SIGNIFICADO: "Lagarto blindado"

DIETA: Plantas

ALLOSAURUS

SIGNIFICADO: "Lagarto diferente"

DIETA: Carne

PERÍODO: Jurásico

SIGNIFICADO: "Lagarto diferente"

DIETA: Carne

PERÍODO: Jurásico

Stegosaurus

Las inmensas y gruesas patas hacían que el Stegosaurus fuera muy lento.

42

Resultado: Físicamente estaban parejos, pero el cerebr

Libro digital complementario

Descarga gratis el libro digital **Combate de dinosaurios** en el sitio de Internet en inglés:

www.scholastic.com/discovermore

**Escribe este códico:
RCN4MM3P6K4D**

Mira seis feroces combates entre dinosaurios

El texto en letra pequeña te ofrece datos interesantes sobre los dinosaurios.

La línea cronológica de la parte superior muestra cuándo vivieron los dinosaurios.

Busca los temas en el contenido.

Allosaurus

TRIÁSICO JURÁSICO CRETÁCICO

...s duras placas impedían ...e el Allosaurus le saltara ...cima sobre el lomo.

Los golpes de la cola con púas del Stegosaurus herían al Allosaurus y lo tumbaban al suelo.

Las mandíbulas se abrían ampliamente y sus dientes afilados herían a su presa.

Las largas y ágiles patas traseras hacían del Allosaurus un veloz corredor.

Allosaurus

Sus garras le permitían sujetar a la víctima y desgarrar su piel.

Con sus patas delanteras, el Allosaurus podía agarrarse del cuello del Stegosaurus para morder su garganta.

Aprende más
sobre el *Velociraptor* y el *Protoceratops* en las págs. 56–57.

43

...losaurus era más grande, y lo usaba para ganar.

Los rótulos indican el nombre de cada dinosaurio

Busca las palabras nuevas y los nombres de los dinosaurios en el glosario.

▶▶▶ **Aprende más**

Este símbolo te lleva a otra página con más información.

Busca una palabra en el índice para ver en qué páginas aparece.

El renglón inferior contiene datos breves y preguntas.

Haz clic en los rótulos para ver datos y estadísticas

Artículos de enciclopedia con más información

Preguntas sobre dinosaurios

3

Consultora: Kim Dennis-Bryan, PhD
Consultora educativa: Barbara Russ,
21st Century Community Learning Center
Director for Winooski (Vermont)
School District

Directora de arte: Bryn Walls
Diseñadoras: Clare Joyce, Ali Scrivens
Editora general: Miranda Smith
Editora en EE.UU.: Elizabeth Krych
Editores en español: María Domínguez,
J.P. Lombana
Editora de producción: Stephanie Engel
Diseñadores de la cubierta: Neal Cobourne,
Natalie Godwin
DTP: John Goldsmid
Editora de contenido visual: Diane
Allford-Trotman
**Director ejecutivo de fotografía,
Scholastic:** Steve Diamond

Originally published in English as
Scholastic Discover More™: Dinosaurs
Copyright © 2013 by Scholastic Inc.
Translation copyright © 2013 by Scholastic Inc.

ISBN 978-0-545-49083-2

10 9 8 7 6 5 4 3 2 1   13 14 15 16 17

Printed in Singapore   46
First Spanish edition, January 2013

Scholastic hace esfuerzos constantes por reducir el
impacto ecológico de nuestros procesos de manufactura.
Para ver nuestras normas para la obtención de papel,
visite www.scholastic.com/paperpolicy.

Contenido

El mundo de los dinosaurios

8 ¿Qué son los dinosaurios?

10 Salón de la fama

12 La vida en la Tierra

14 Presentación: los dinosaurios

16 Más dinosaurios

18 Detectives de dinosaurios

20 Pistas fósiles

22 Conjeturas sobre dinosaurios

Dinosaurios del Triásico y el Jurásico

26 Colección del Triásico
y el Jurásico

28 Otras criaturas antiguas

30	El *Herrerasaurus*	**56**	*Velociraptor* contra *Protoceratops*
31	El *Coelophysis*		
32	La guerra de los huesos	**58**	Dinosaurios voladores
34	Los huevos	**60**	El *Ankylosaurus*
36	El *Diplodocus*	**62**	El fabuloso *T. rex*
38	Supergigantes	**64**	¡Un descubrimiento!
40	El *Compsognathus*	**66**	Excavar a Sue
42	*Stegosaurus* contra *Allosaurus*	**68**	El *Triceratops*
44	Rocas del Jurásico	**70**	El fin de los dinosaurios

Dinosaurios del Cretácico

		72	Dinosaurios de hoy
48	Colección del Cretácico	**74**	Historia del descubrimiento
50	El *Iguanodon*		
51	El *Spinosaurus*	**76**	Glosario
52	El *Edmontosaurus*	**78**	Índice
54	Cráneos increíbles	**80**	Agradecimientos

El mundo de los dinosaurios

Durante 165 millones de años, los dinosaurios fueron los dueños de la Tierra. En bosques y pantanos, inmensos carnívoros como este *Tyrannosaurus rex* se paseaban en busca de presas para devorar.

¿Qué son los dinosaurios?

Los dinosaurios vivieron hace millones de años. Algunos de ellos fueron las criaturas más colosales que hayan vivido en la Tierra.

El Camarasaurus, *uno de los dinosau[rios] más grandes, podí[a] llegar a medir hast[a] pies (8,5 m) de larg[o]*

La piel de los dinosaurios era escamosa, como la de un reptil, pero algunos dinosaurios tenían plumas también.

Camarasaurus

Erguidos y veloces

Los dinosaurios andaban erguidos para moverse más rápido, a diferencia de algunos reptiles que se arrastran lentamente.

El Camarasaurus *era un herbívoro gigantesco.*

No existieron dinosaurios marinos, y solo unos pocos

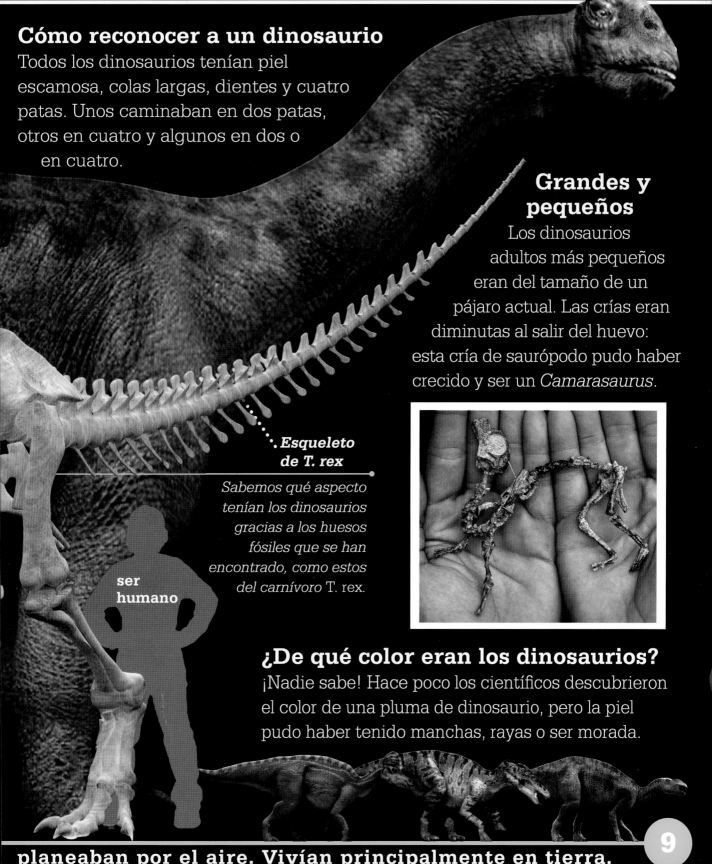

Cómo reconocer a un dinosaurio

Todos los dinosaurios tenían piel escamosa, colas largas, dientes y cuatro patas. Unos caminaban en dos patas, otros en cuatro y algunos en dos o en cuatro.

Grandes y pequeños

Los dinosaurios adultos más pequeños eran del tamaño de un pájaro actual. Las crías eran diminutas al salir del huevo: esta cría de saurópodo pudo haber crecido y ser un *Camarasaurus*.

Esqueleto de T. rex

Sabemos qué aspecto tenían los dinosaurios gracias a los huesos fósiles que se han encontrado, como estos del carnívoro T. rex.

ser humano

¿De qué color eran los dinosaurios?

¡Nadie sabe! Hace poco los científicos descubrieron el color de una pluma de dinosaurio, pero la piel pudo haber tenido manchas, rayas o ser morada.

planeaban por el aire. Vivían principalmente en tierra.

Los dinosaurios están entre los animales más fabulosos que hayan vivido en la Tierra, ¡y aquí están los más destacados entre ellos!

CARNÍVORO MÁS GRANDE

El Giganotosaurus *era uno de los más grandes dinosaurios carnívoros. Se cree que cazaba Argentinosaurus... ¡qué batallas deben haber librado!*

CORREDOR MÁS VELOZ

El Gallimimus *posiblemente corría a 40 mph (65 kph), tan veloz como un caballo de carrera.*

CRÁNEO MÁS GRANDE

El cráneo del Torosaurus *medía 8,5 pies (2,6 m) de largo.*

PRIMERO EN EL ESPACIO

En 1985, en el transbordador espacial llevaron fragmentos de hueso y de cascarón de huevo del Maiasaura.

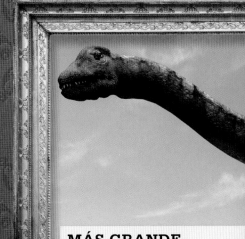

MÁS GRANDE

El Argentinosaurus *podía alcanzar 115 pies (35 m) de largo; es decir, tan largo como cinco elefantes en fila.*

El *Micropachycephalosaurus . . .*

MAYOR CANTIDAD DE DIENTES

Algunos hadrosaurios herbívoros tenían hasta 1.000 dientes laterales para triturar los alimentos.

MÁS RARO

El Therizinosaurus *era un extraño dinosaurio herbívoro con grandes uñas en sus largas patas.*

MÁS LISTO

El Deinonychus *era valiente y veloz. Tenía un cerebro grande para su tamaño.*

MÁS CHICO

El Microraptor *fue el dinosaurio más pequeño: del tamaño de una paloma.*

MEJOR PROTEGIDO

El Ankylosaurus *tenía la piel dura y con púas. También tenía un mazo en la cola.*

tiene el nombre más largo.

La vida en la Tierra

Los dinosaurios vivieron entre 230 y 65 millones de años atrás. Hace MUCHO tiempo. La vida en la Tierra se divide en períodos que llamamos eras. Aquí verán organismos de las eras anteriores y posteriores a los dinosaurios.

Era Precámbrica
Apareció la vida en la Tierra: los primeros seres vivos eran organismos diminutos que vivían en el agua.

Era Paleozoica
Aparecieron los primeros animales terrestres: insectos, reptiles y cinodontes (animales parecidos a los mamíferos).

Hace unos 350 millones de años, peces con pulmones y cuatro extremidades salieron por primera vez del agua y comenzaron a vivir en tierra.

········ **tetrápodo**

····· **libélula**

A fines del Paleozoico, grandes reptiles como el Dimetrodon vivían en la Tierra.

Dimetrodon

La extinción masiva
Muchas especies desaparecieron.

Coelophysis del Triásico ·····

Era Mesozoica
Los dinosaurios aparecieron durante esta era, que se divide en tres períodos: Triásico, Jurásico y Cretácico.

TRIÁSICO

MESOZOICO
HACE 251–65 MILLONES DE AÑOS

TRIÁSICO: 251–199 MAA

JURÁSICO: 199–145 MAA

CRETÁCICO: 145–65 MAA

(MAA: "millones de años atrás")

Velociraptor del Cretácico

JURÁSICO

CRETÁCICO

Allosaurus del Jurásico

CENOZOICO
DESDE HACE 65 MILLONES DE AÑOS AL PRESENTE

Extinción
Los dinosaurios y otras criaturas desaparecieron.

Era Cenozoica
Tras la extinción, o desaparición, de los dinosaurios, los mamíferos se convirtieron en los animales terrestres de mayor tamaño.

mamut

Smilodon

ser humano

Aproximadamente 200.000 años atrás, los Homo sapiens aparecieron en la Tierra.

EL PRESENTE

Hasta hace unos 5.000 años había mamuts en la Tierra.

En las próximas cuatro páginas verás doce dinosaurios, desde los más antiguos hasta el último que vivió en la Tierra. Sus fósiles nos muestran que eran de muchas formas y tamaños.

El Herrerasaurus *es el dinosaurio más antiguo que se haya descubierto hasta ahora.*

El Diplodocus *fue uno de los dinosaurios gigantes herbívoros.*

El Coelophysis *fue un dinosaurio carnívoro muy ágil y veloz.*

Herrerasaurus

VIVIÓ HACE:
228 millones de años
ALTURA:
4 pies (1,2 m)
LONGITUD:
13 pies (3,9 m)
FÓSILES EN:
Argentina

Coelophysis

VIVIÓ HACE:
210 millones de años
ALTURA:
4 pies (1,2 m)
LONGITUD:
9 pies (2,7 m)
FÓSILES EN:
EE.UU.

Diplodocus

VIVIÓ HACE:
150 millones de años
ALTURA:
16 pies (5 m)
LONGITUD:
90 pies (27 m)
FÓSILES EN:
EE.UU.

En este libro podrás conocer lo que estos dinosaurios

El Iguanodon *fue un dinosaurio gigante con los pulgares terminados en púas.*

El Stegosaurus *fue un dinosaurio herbívoro muy grande con placas en el lomo.*

El Compsognathus *fue uno de los dinosaurios más pequeños.*

Compsognathus

VIVIÓ HACE:
150 millones de años
ALTURA:
10 pulgadas (25,4 cm)
LONGITUD:
4,3 pies (1,2 m)
FÓSILES EN:
Alemania y Francia

Stegosaurus

VIVIÓ HACE:
150 millones de años
ALTURA:
9 pies (2,7 m)
LONGITUD:
30 pies (9 m)
FÓSILES EN:
EE.UU. y Portugal

Iguanodon

VIVIÓ HACE:
125 millones de años
ALTURA:
9 pies (2,7 m)
LONGITUD:
30 pies (9 m)
FÓSILES EN:
América del Norte, Europa, Asia y el norte de África

comían, cómo vivían y quiénes eran sus enemigos.

Más dinosaurios

Con el tiempo, el cuerpo de los dinosaurios fue cambiand[o] y hallaron nuevos modos de defenderse. Hace 65 millone[s] de años, los dinosaurios estaban en su mejor momento.

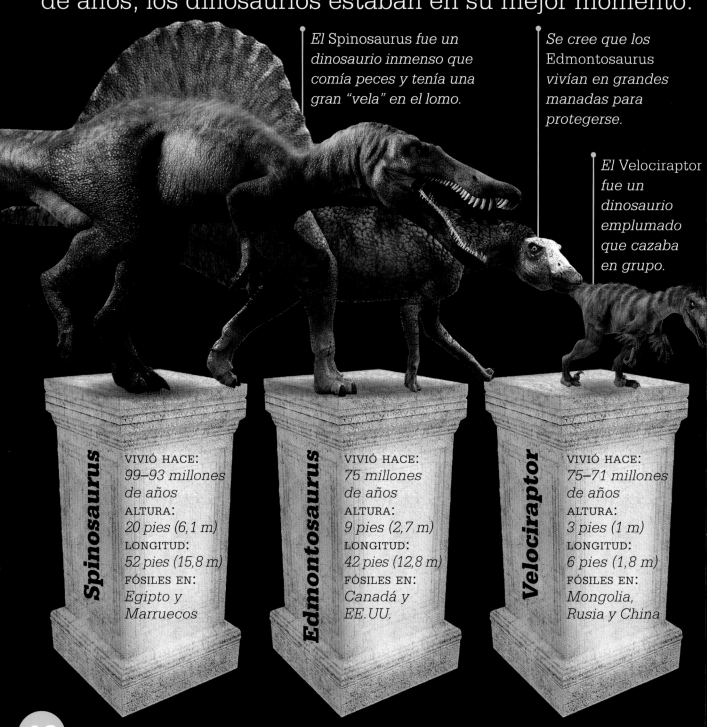

El Spinosaurus *fue un dinosaurio inmenso que comía peces y tenía una gran "vela" en el lomo.*

Se cree que los Edmontosaurus *vivían en grandes manadas para protegerse.*

El Velociraptor *fue un dinosaurio emplumado que cazaba en grupo.*

Spinosaurus

VIVIÓ HACE:
99–93 millones de años
ALTURA:
20 pies (6,1 m)
LONGITUD:
52 pies (15,8 m)
FÓSILES EN:
Egipto y Marruecos

Edmontosaurus

VIVIÓ HACE:
75 millones de años
ALTURA:
9 pies (2,7 m)
LONGITUD:
42 pies (12,8 m)
FÓSILES EN:
Canadá y EE.UU.

Velociraptor

VIVIÓ HACE:
75–71 millones de años
ALTURA:
3 pies (1 m)
LONGITUD:
6 pies (1,8 m)
FÓSILES EN:
Mongolia, Rusia y China

Conocemos 540 tipos de dinosaurios, pero se cree que

El Tyrannosaurus rex *tenía los dientes más grandes entre todos los dinosaurios descubiertos hasta ahora.*

El Ankylosaurus *tenía el cuerpo cubierto de placas óseas y un mazo en la cola que usaba para protegerse.*

El Triceratops *tenía cuernos y un volante inmenso.*

Ankylosaurus

VIVIÓ HACE:
70–65 millones de años
ALTURA:
4 pies (1,2 m)
LONGITUD:
33 pies (10 m)
FÓSILES EN:
Canadá y EE.UU.

Tyrannosaurus rex

VIVIÓ HACE:
70–65 millones de años
ALTURA:
20 pies (6,1 m)
LONGITUD:
40 pies (12,4 m)
FÓSILES EN:
EE.UU. y Mongolia

Triceratops

VIVIÓ HACE:
70–65 millones de años
ALTURA:
7 pies (2,1 m)
LONGITUD:
30 pies (9 m)
FÓSILES EN:
Canadá y EE.UU.

existieron 900 tipos de dinosaurios o más.

Detectives de dinosaurios

Nadie ha visto a un dinosaurio vivo: solo podemos estudiar sus restos fósiles. Pero mediante la investigación, los expertos en fósiles, o paleontólogos, pueden determinar el aspecto, y a veces la conducta, de los dinosaurios.

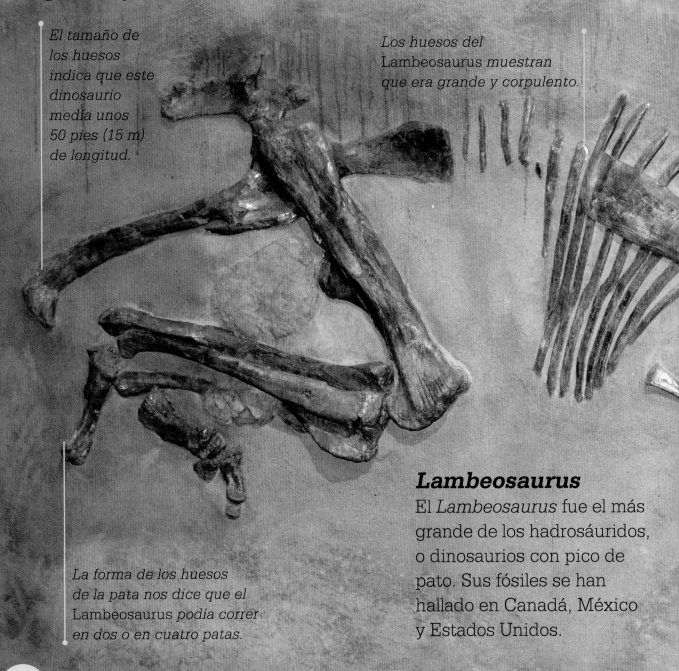

El tamaño de los huesos indica que este dinosaurio medía unos 50 pies (15 m) de longitud.

Los huesos del Lambeosaurus muestran que era grande y corpulento.

La forma de los huesos de la pata nos dice que el Lambeosaurus podía correr en dos o en cuatro patas.

Lambeosaurus

El *Lambeosaurus* fue el más grande de los hadrosáuridos, o dinosaurios con pico de pato. Sus fósiles se han hallado en Canadá, México y Estados Unidos.

El estudio de las rocas alrededor de los fósiles del

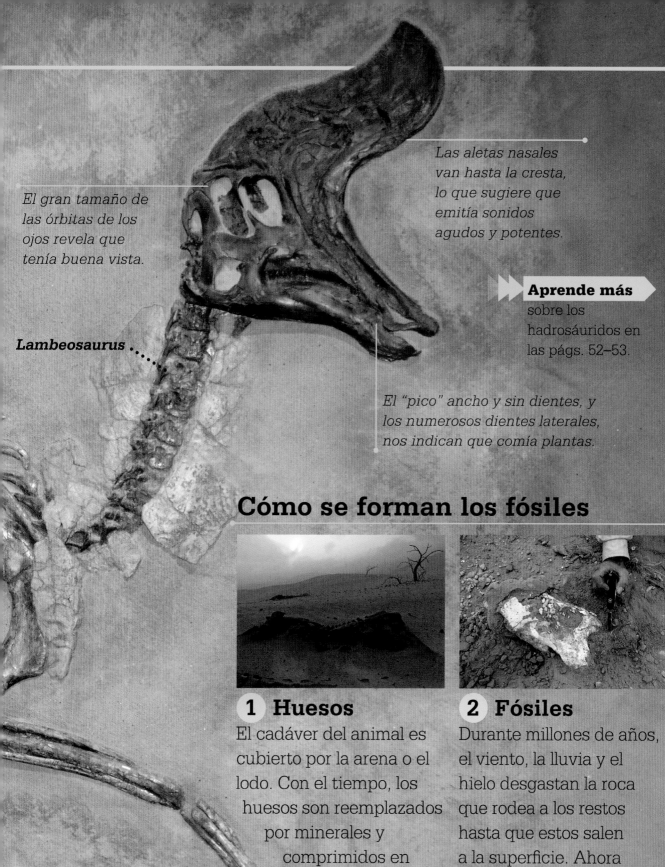

El gran tamaño de las órbitas de los ojos revela que tenía buena vista.

Las aletas nasales van hasta la cresta, lo que sugiere que emitía sonidos agudos y potentes.

Aprende más sobre los hadrosáuridos en las págs. 52–53.

Lambeosaurus

El "pico" ancho y sin dientes, y los numerosos dientes laterales, nos indican que comía plantas.

Cómo se forman los fósiles

1 Huesos

El cadáver del animal es cubierto por la arena o el lodo. Con el tiempo, los huesos son reemplazados por minerales y comprimidos en las rocas.

2 Fósiles

Durante millones de años, el viento, la lluvia y el hielo desgastan la roca que rodea a los restos hasta que estos salen a la superficie. Ahora son fósiles.

Lambeosaurus indica que vivió en el Cretácico.

Pistas fósiles

Huesos

Los huesos fosilizados nos revelan el aspecto del dinosaurio, y las rocas que lo rodean ayudan a los paleontólogos a determinar cuándo vivió.

Huellas

El rastro y las zancadas que muestran las huellas fósiles indican a los científicos si el dinosaurio era veloz, cuánto pesaba y si andaba solo o en grupos.

Piel

Se han hallado pocos pedazos de piel o impresiones de piel de dinosaurio. Pero por esos fósiles sabemos que los dinosaurios tenían la piel escamada.

Plumas

Algunos fósiles indican que ciertos dinosaurios tenían plumas.

Las plumas eran muy similares a estas plumas de aves.

Los científicos descubren nuevos restos fósiles

Coprolitos

Los coprolitos son caca fosilizada de algún animal. Los coprolitos de los dinosaurios nos pueden revelar lo que comían, pues pueden contener semillas, pescado, hojas o huesos.

Huevos

Los fósiles demuestran que los dinosaurios ponían huevos. Se han hallado huevos fosilizados junto a fósiles de dinosaurio, lo que indica que los adultos cuidaban los huevos.

Plantas

Los fósiles de plantas hallados cerca de huesos de dinosaurios nos dicen qué plantas existían en la época y qué podrían comer los dinosaurios.

Animales actuales

Los científicos estudian los animales actuales para explicar cómo podrían haberse comportado los dinosaurios. El perro salvaje africano caza en grupos, como quizás muchos dinosaurios.

constantemente. ¡Y aún queda mucho por descubrir!

Conjeturas sobre dinosaur

A veces solo se hallan pequeños fragmentos de un dinosaurio, y los paleontólogos deben imaginar cómo era el resto del dinosaurio. ¡Hay muchos detalles en los que no se ponen de acuerdo!

Solo un cráneo

Del dinosaurio *Pachycephalosaurus*, lo único que se ha hallado ha sido su cráneo, que tiene una extraña "cúpula" encima.

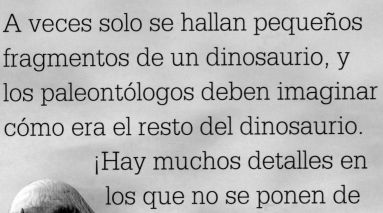

Algunos paleontólogos creen que los machos se daban cabezazos cuando peleaban por las hembra.

Imaginarse a un dinosaurio

Tras comparar el cráneo del *Pachycephalosaurus* con los de otros dinosaurios, los científicos opinaron que debió de ser corpulento, caminar en dos patas y tener una pesada cola para mantener el equilibrio.

Cráneo de un *Pachycephalosaurus*

Un ***Pachycephalosaurus*** basado en el cráneo descubierto y en otros dinosaurios

Misterio: el *Iguanodon*

Cuando Gideon Mantell halló unos huesos de *Iguanodon* en 1825, se sabía muy poco de los dinosaurios. En 1834 se halló un esqueleto de *Iguanodon* más completo.

Mantell pensó que el Iguanodon era un lagarto con aspecto de mamífero.

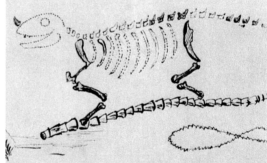

También creía que el Iguanodon tenía su espolón en la nariz.

Hoy sabemos que era un dinosaurio con una púa en cada pulgar.

Dinosaurios
del Triásico y el Jurásico

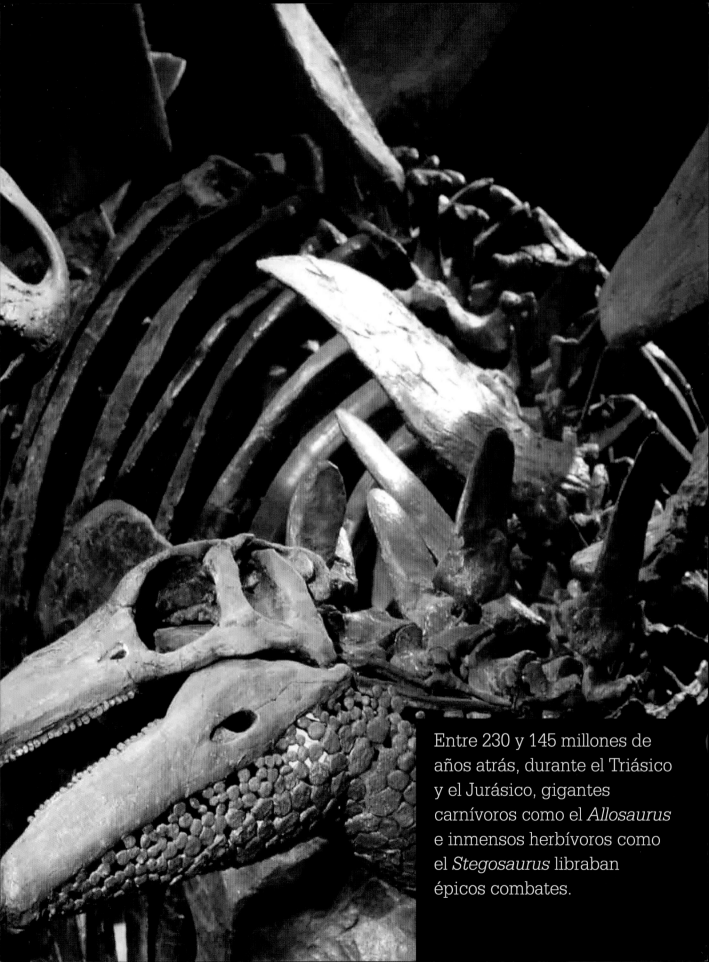

Entre 230 y 145 millones de años atrás, durante el Triásico y el Jurásico, gigantes carnívoros como el *Allosaurus* e inmensos herbívoros como el *Stegosaurus* libraban épicos combates.

Colección del Triásico

Los primeros dinosaurios aparecieron en el período Triásico. A fines del Jurásico, gigantescos dinosaurios carnívoros y herbívoros habitaban la Tierra.

Gargoyleosaurus

Mussaurus

Ornitholestes

Dilophosaurus

Archaeopteryx

Herrerasaurus

Dacentrurus

Scelidosaurus

Heterodontosaurus

Allosaurus

Compsognathus

Kentrosaurus

Barapasaurus

Shunosaurus

Elaphrosaurus

Plateosaurus

Dryosaurus

Eoraptor

Monolophosaurus

Apatosaurus

Otras criaturas antiguas

No existieron dinosaurios marinos, pero en la época en que los dinosaurios dominaban la Tierra, inmensos reptiles carnívoros nadaban bajo las olas e incluso volaban por el aire.

pterosaurio

Liopleurodon

El Liopleurodon *era enorme. Medía 33 pies (10 m) de largo.*

Gigantes del mar

Reptiles como el *Liopleurodon* alcanzaban el tamaño de los dinosaurios y se extinguieron en la misma época que ellos, de modo que no queda ninguno en los mares de hoy.

Los reptiles marinos se extinguieron, pero algunos peces y animales

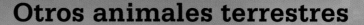

Otros animales terrestres

Los dinosaurios no fueron los únicos animales terrestres de los tiempos prehistóricos.

Los gigantescos reptiles voladores llamados pterosaurios podían llegar a ser del tamaño de un avión pequeño.

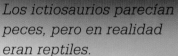

Los ictiosaurios parecían peces, pero en realidad eran reptiles.

ictiosaurio

Insectos como esta libélula existieron antes, durante y después de la era de los dinosaurios.

Grandes reptiles terrestres cazaban a los dinosaurios. ¡Algunos eran del largo de un autobús!

Los mamíferos de la época de los dinosaurios eran pequeños. Muchos se parecían a las ratas y musarañas actuales.

marinos no han cambiado desde la época de los dinosaurios.

El *Herrerasaurus* es el dinosaurio más antiguo que se ha encontrado. Vivió hace 228 millones de años. Sus fósiles fueron hallados por un ranchero de América del Sur en 1956.

Cabeza larga y puntiaguda, con dientes pequeños y afilados para agarrar a la presa.

Primeros carnívoros

El *Herrerasaurus* fue uno de los grandes cazadores de dinosaurios de su época. Corría en dos patas y tenía una cola muy larga para mantener el equilibrio.

¡Descubrimiento!

Si descubres un nuevo dinosaurio, ¡podría recibir tu nombre! Victorino Herrera fue el ranchero que halló los fósiles del *Herrerasaurus* en Argentina.

HERRERASAURUS

SIGNIFICADO:
"El lagarto de Herrera"

PERÍODO:
Triásico

DIETA: Carne

En 1988 se halló el primer cráneo completo de un *Herrerasaurus*

El *Coelophysis*

El *Coelophysis* era un dinosaurio carnívoro del período Triásico, ágil y feroz. Era del tamaño de un auto pequeño.

El Coelophysis *tenía ojos grandes, lo que indica que tenía buena vista, útil para cazar.*

¡Cuidado!

El *Coelophysis* peleaba con reptiles del Triásico. Cazaba a los pequeños, pero era presa de los grandes depredadores como el phytosaurs, una especie de cocodrilo gigante del largo de un autobús escolar.

El Coelophysis *era veloz, por eso podía cazar reptiles pequeños.*

¿Muerte instantánea?

En el Rancho Ghost de Nuevo México se hallaron los fósiles de muchos *Coelophysis* juntos, como si una catástrofe los hubiese matado al mismo tiempo.

COELOPHYSIS

SIGNIFICADO:
"Forma hueca"

PERÍODO:
Triásico

DIETA: Carne (reptiles)

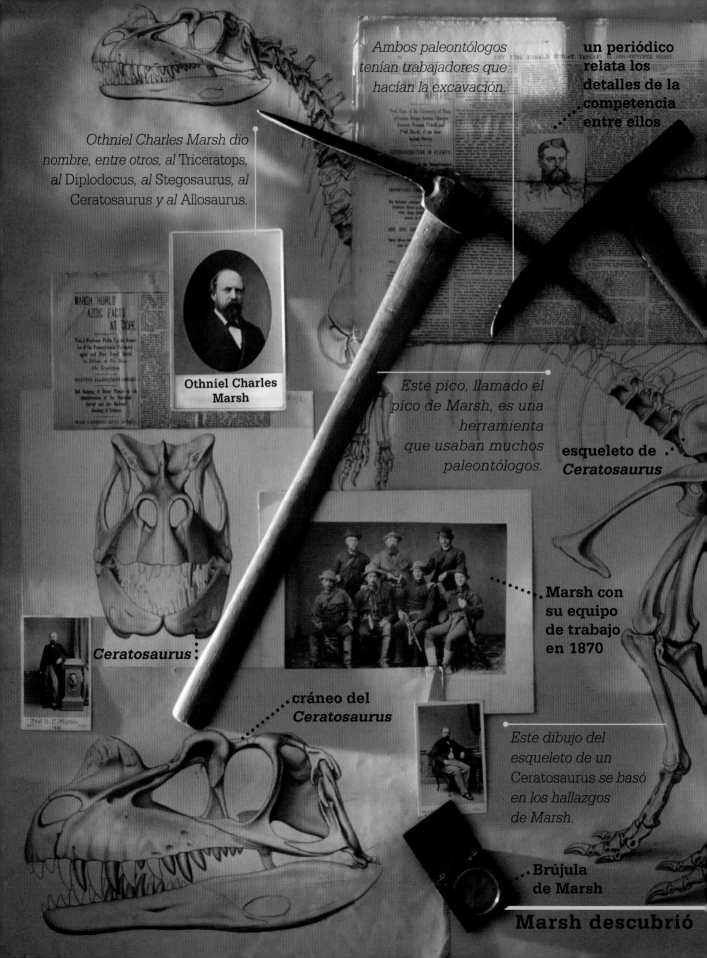

Ambos paleontólogos tenían trabajadores que hacían la excavación.

un periódico relata los detalles de la competencia entre ellos

Othniel Charles Marsh dio nombre, entre otros, al Triceratops, al Diplodocus, al Stegosaurus, al Ceratosaurus y al Allosaurus.

Othniel Charles Marsh

Este pico, llamado el pico de Marsh, es una herramienta que usaban muchos paleontólogos.

esqueleto de *Ceratosaurus*

Ceratosaurus

Marsh con su equipo de trabajo en 1870

cráneo del Ceratosaurus

Este dibujo del esqueleto de un Ceratosaurus se basó en los hallazgos de Marsh.

Brújula de Marsh

Marsh descubrió

La guerra de los huesos

A fines del siglo XIX, dos exitosos paleontólogos de EE.UU., Marsh y Cope, competían entre ellos por ver quién descubría más fósiles.

Cráneo de Cope

fósil de garra de dinosaurio

Edward Drinker Cope dio nombre al Coelophysis, *al* Camarasaurus *y al* pterodactyl *gigante.*

Edward Drinker Cope

algunos artefactos de Cope envueltos en periódicos del siglo XIX

Diario de investigación de Cope

Peleas

Marsh y Cope pagaban sobornos, robaban fósiles y hasta destruyeron algunos para evitar que el otro los hallara. ¡Sus equipos una vez se pelearon a pedradas! Pero descubrieron 136 nuevos dinosaurios.

80 dinosaurios y Cope descubrió 56, así que Marsh ganó.

Los huevos

Los dinosaurios ponían huevos. Se han encontrado huevos y nidos fósiles, e incluso nidos con huevos y crías fosilizados.

Un huevo gigante

Se cree que este inmenso huevo, hallado en China, es de therizinosaurio. Es el huevo de dinosaurio más grande que se ha encontrado.

Maiasaura

En Montana se han encontrado muchos nidos de *Maiasaura*. Los nidos (hoyos en el suelo) están cerca unos de otros, lo que indica que los *Maiasaura* vivían en grupos.

Las crías de Maiasaura *halladas en los nidos tenían las patas débiles, lo que hace creer que la madre las alimentaba y cuidaba al nacer.*

▶▶ **Aprende más**
sobre *Protoceratops* en las págs. 56–57.

34

Al lugar de Montana donde se hallaron

Oviraptor

Este fósil se halló en el desierto de Gobi, en Mongolia. En él se ve un *Oviraptor* sentado en el nido sobre los huevos. Se cree que lo hacía para calentarlos, como hacen las aves actuales.

Oviraptor hembra

huevo

Los científicos creen que los huevos de dinosaurio eran ásperos y blandos, más parecidos a los huevos de reptil que a los de ave.

El Protoceratops

El *Protoceratops* ponía sus huevos en la arena caliente del desierto de Gobi. Allí se encontró un nido fósil de *Protoceratops* con 12 huevos.

muchos nidos de *Maiasaura* lo llaman el Monte Huevo.

El *Diplodocus*

El Diplodocus *se movía muy lentamente sobre sus cuatro gruesas patas.*

En el período Jurásico, ya habían aparecido los gigantes. El *Diplodocus* era un miembro del grupo de los inmensos saurópodos.

Se cree que el Diplodocus *ponía sus huevos mientras caminaba.*

DIPLODOCUS

SIGNIFICADO:
"Doble viga"

PERÍODO:
Jurásico

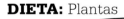

DIETA: Plantas

Dientes

El *Diplodocus* tenía al frente dientes pequeños en forma de estacas, que usaba para arrancar las hojas. No tenía dientes posteriores: tragaba sin masticar.

diente de *Diplodocus*

El *Diplodocus* quizás tragaba rocas pequeñas para

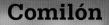
Comilón

El *Diplodocus* tenía un apetito tan grande como su cuerpo. Se cree que se pasaba hasta 20 horas al día comiendo para mantener su inmenso cuerpo.

El Diplodocus *era del largo de dos autobuses escolares.*

El Diplodocus *tenía una cola muy larga con la que quizás golpeaba a sus enemigos.*

Aprende más sobre los saurópodos en las págs. siguientes.

Las huellas

Las huellas fósiles de las manadas de saurópodos indican que vivían en grupos. ¿Te imaginas ver pasar a una manada de inmensos *Diplodocus*?

Cada huella es como una tina para niños.

ayudar a triturar las plantas no masticadas en su estómago.

37

Supergigantes

Los saurópodos fueron los animales terrestres más largos, altos y pesados que hayan existido JAMÁS.

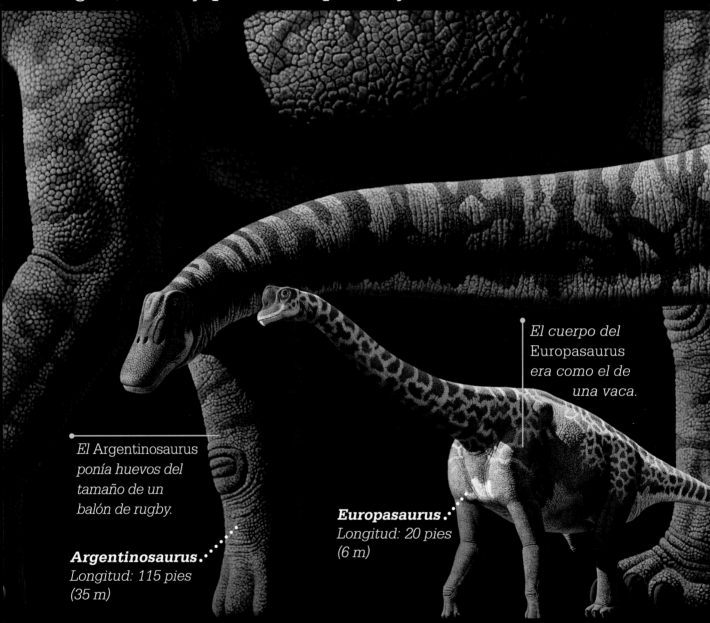

El cuerpo del Europasaurus era como el de una vaca.

El Argentinosaurus *ponía huevos del tamaño de un balón de rugby.*

Argentinosaurus.
Longitud: 115 pies (35 m)

Europasaurus.
Longitud: 20 pies (6 m)

Argentinosaurus

El *Argentinosaurus* fue quizás el más grande saurópodo, dinosaurio y animal terrestre. ¡Tenía un peso equivalente al de 14 elefantes!

Europasaurus

Se creía que los huesos del *Europasaurus* eran de crías de saurópodo. Después se descubrió que eran de un minisaurópodo adulto.

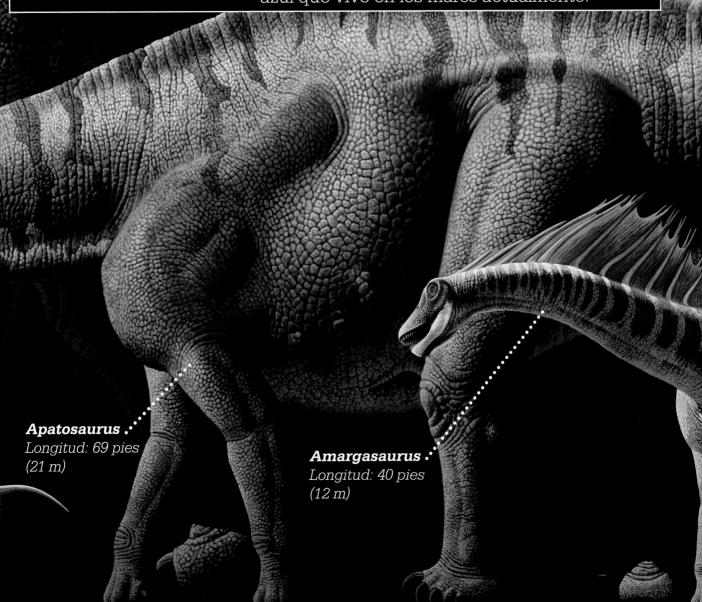

Un supergigante actual

Los saurópodos fueron los animales terrestres más grandes que hayan existido, pero ningún animal ha sido tan grande como la ballena azul que vive en los mares actualmente.

Apatosaurus
Longitud: 69 pies (21 m)

Amargasaurus
Longitud: 40 pies (12 m)

Apatosaurus

El *Apatosaurus* era un dinosaurio gigante. Los científicos creen que podía pararse en dos patas para alcanzar las hojas de los árboles.

Amargasaurus

El *Amargasaurus* tenía dos hileras de púas en el lomo. Se cree que las mismas estaban cubiertas de piel, formando una vela en su lomo.

El *Compsognathus*

El *Compsognathus* es uno de los dinosaurios más pequeños que se han hallado. Era un veloz carnívoro del tamaño de un pavo.

Lagarto al almuerzo

Este fósil de *Compsognathus* tiene un lagarto en su estómago. El lagarto era veloz, por lo que este dinosaurio debió de ser un cazador ágil y de buena vista.

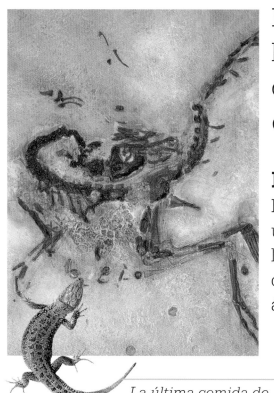

La última comida de este Compsognathus *fue un* Bavarisaurus, *como este lagarto.*

Fósil donde se ve un pedazo de piel, al parecer escamada, sobre la cola de un Compsognathus.

Compsognathus

Pequeño pero letal

El *Compsognathus* era un pequeño y feroz dinosaurio de cabeza pequeña y dientes afilados.

Aprende más
sobre un dinosaurio aun más pequeño en las págs. 58–59.

En el siglo XIX se hallaron dos esqueletos completos de

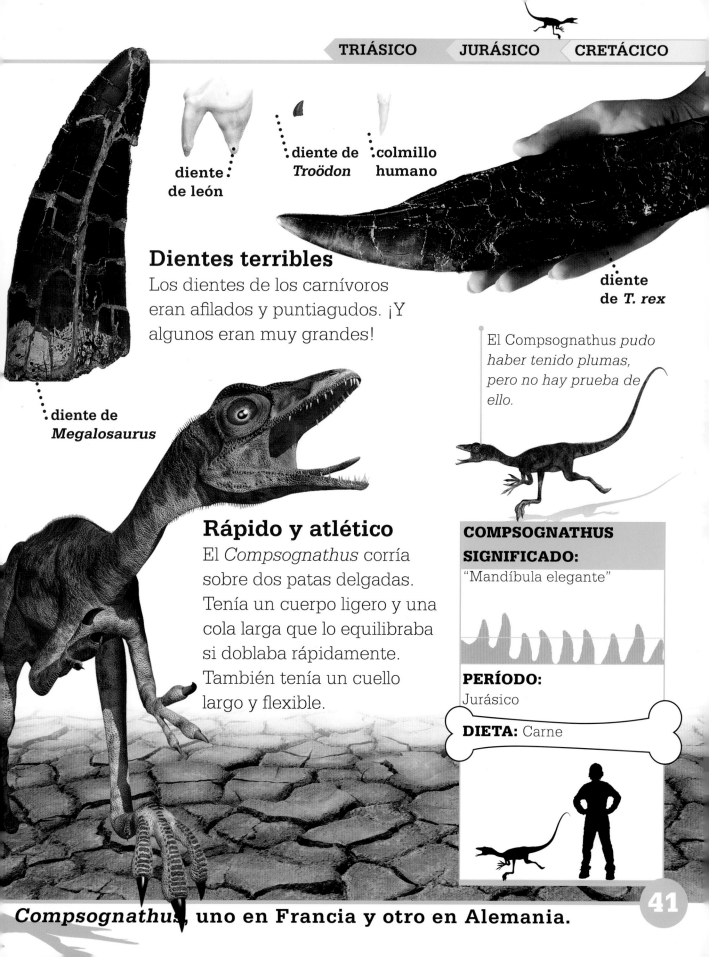

diente de león

diente de *Troödon*

colmillo humano

diente de *T. rex*

Dientes terribles

Los dientes de los carnívoros eran afilados y puntiagudos. ¡Y algunos eran muy grandes!

diente de *Megalosaurus*

El Compsognathus *pudo haber tenido plumas, pero no hay prueba de ello.*

Rápido y atlético

El *Compsognathus* corría sobre dos patas delgadas. Tenía un cuerpo ligero y una cola larga que lo equilibraba si doblaba rápidamente. También tenía un cuello largo y flexible.

COMPSOGNATHUS

SIGNIFICADO:
"Mandíbula elegante"

PERÍODO:
Jurásico

DIETA: Carne

Compsognathus, uno en Francia y otro en Alemania.

41

Stegosaurus contra

El *Stegosaurus* era un gigantesco dinosaurio herbívoro con grandes placas en el lomo. Era muy grande, ¡pero debía cuidarse del *Allosaurus*!

La gruesa piel del Stegosaurus lo protegía de los dientes de su enemigo.

El combate

Si un *Allosaurus* lograba matar a un *Stegosaurus*, tenía comida para varias semanas. Veamos cómo podrían haber peleado estos animales.

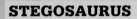

STEGOSAURUS

SIGNIFICADO:
"Lagarto blindado"

DIETA: Plantas

ALLOSAURUS

SIGNIFICADO:
"Lagarto diferente"

DIETA: Carne

PERÍODO:
Jurásico

Stegosaurus .....

Las inmensas y gruesas patas hacían que el Stegosaurus fuera muy lento.

Resultado: Físicamente estaban parejos, pero el cerebro del

Allosaurus

Las duras placas impedían que el Allosaurus le saltara encima sobre el lomo.

Los golpes de la cola con púas del Stegosaurus herían al Allosaurus y lo tumbaban al suelo.

Las mandíbulas se abrían ampliamente y sus dientes afilados herían a su presa.

Las largas y ágiles patas traseras hacían del Allosaurus un veloz corredor.

Allosaurus

Sus garras le permitían sujetar a la víctima y desgarrar su piel.

Con sus patas delanteras, el Allosaurus podía agarrarse del cuello del Stegosaurus para morder su garganta.

Aprende más
sobre el *Velociraptor* y el *Protoceratops* en las págs. 56–57.

Allosaurus era más grande, y lo usaba para ganar.

Si visitas el área, podrás ver unos 1.500 huesos que siguen incrustados en la roca.

Los paleontólogos quitan la roca con cuidado para hallar los

Fósiles

En este increíble sitio se han hallado más fósiles de dinosaurios del Jurásico —entre ellos del *Stegosaurus*, del *Apatosaurus* y del inmenso carnívoro *Allosaurus*— que en cualquier otro lugar del mundo.

fósiles. ¿Ves algunos de los huesos que hay a su alrededor?

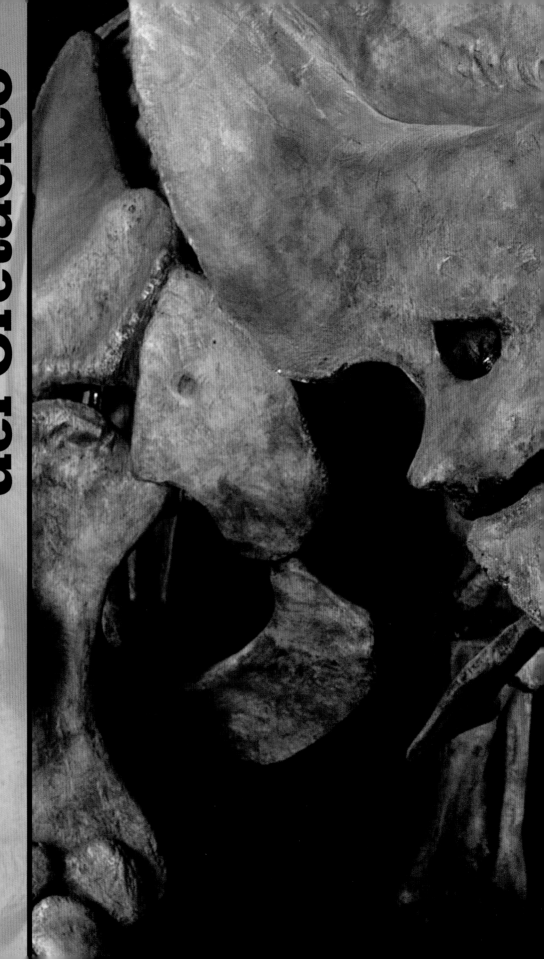

Dinosaurios del Cretácico

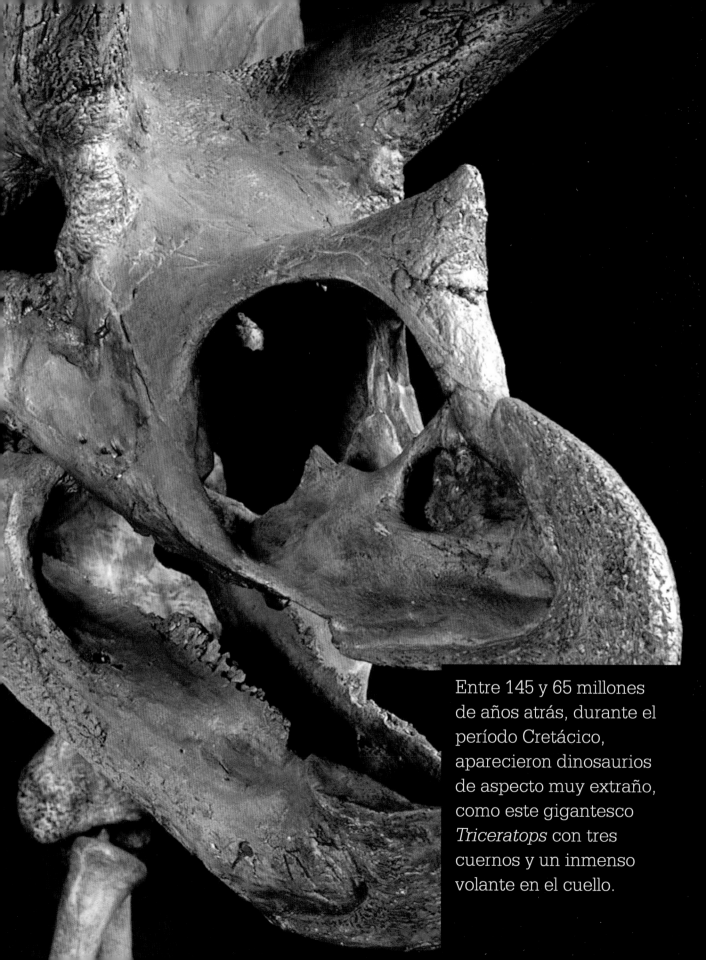

Entre 145 y 65 millones de años atrás, durante el período Cretácico, aparecieron dinosaurios de aspecto muy extraño, como este gigantesco *Triceratops* con tres cuernos y un inmenso volante en el cuello.

Colección del Cretácico

Durante el período Cretácico hubo
una gran variedad de dinosaurios.
Los había grandes y pequeños,
con crestas, cuernos o púas.

Anatotita

Carnotaurus

Gryposaurus

Hypselosaurus

Amargasaurus

Utahraptor

Troödon

Corythosaurus

Giganotosaurus

Struthiosaurus

Torosaurus

Rhabdodon

Baryonyx

Isisaurus

Gallimimus

Polacanthus

Oviraptor

Edmontonia

Psittacosaurus

Dromaeosaurus

Brachylophosaurus

Ouranosaurus

Mononykus

El *Iguanodon*

El *Iguanodon* fue uno de los primeros dinosaurios en descubrirse. El primer fósil se halló en Inglaterra.

El Iguanodon *tenía dientes fuertes para triturar las plantas.*

Las afiladas púas de los pulgares le servían para defenderse.

En todo el mundo

En una época, el *Iguanodon* fue un animal muy común. Se han hallado huesos de este dinosaurio en el norte de África, en Asia Central, en América del Norte y en Europa.

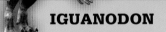

IGUANODON

SIGNIFICADO:
"Diente de iguana"

PERÍODO:
Cretácico

DIETA: Plantas

Vivían en manadas

Se han hallado muchos fósiles de *Iguanodon* en un mismo sitio, lo que indica que vivían en mandadas.

El *Iguanodon* corría velozmente en dos o cuatro patas.

El *Spinosaurus* debió de tener un aspecto temible, con su vela dorsal de dragón y sus dientes afilados.

La inmesa vela dorsal medía 6 pies (2 m) de alto. La sostenían duras espinas óseas.

Devorador de peces

Los científicos creían que los dinosaurios solo comían carne o plantas, hasta que descubrieron al *Spinosaurus*, un carnívoro que atrapaba y comía peces.

Tenía los orificios nasales más arriba de lo normal, lo que le permitía meter parte de la cabeza en el agua.

SIGNIFICADO:
"Lagarto de espina"

PERÍODO:
Cretácico

Un buen pescador

El *Spinosaurus* tenía grandes garras y una gran mandíbula con dientes afilados, ideales para atrapar peces.

¡El *Spinosaurus* era ENORME! Del tamaño del *T. rex*.

El *Edmontosaurus*

El *Edmontosaurus* fue un gran hadrosaurio, o dinosaurio de pico de pato. Era herbívoro y vivía en manadas en áreas pantanosas.

Sentidos bien desarrollados

El *Edmontosaurus* se movía lentamente, pero su cráneo muestra que debió de tener la vista, el oído y el olfato muy agudos, ¡para así cuidarse de los reptiles que vivían en el agua!

Usando la más moderna tecnología, los científicos han hallado

Los hadrosaurios

Se los reconoce por la cresta que tenían en el cráneo. Se cree que quizás la usaran para llamar la atención o para emitir potentes sonidos.

El *Corythosaurus* tenía la cresta en forma de placa.

El *Lambeosaurus* tenía la cresta hacia adelante.

El *Parasaurolophus* tenía una cresta larga y hueca.

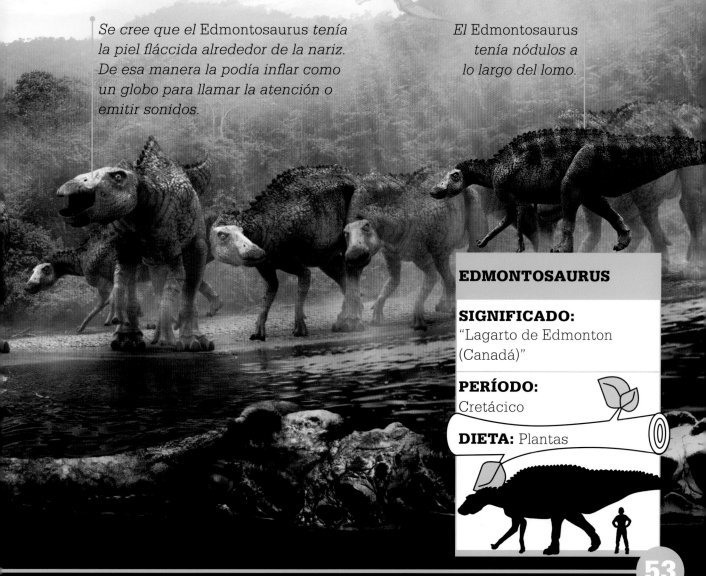

Se cree que el Edmontosaurus *tenía la piel fláccida alrededor de la nariz. De esa manera la podía inflar como un globo para llamar la atención o emitir sonidos.*

El Edmontosaurus *tenía nódulos a lo largo del lomo.*

EDMONTOSAURUS

SIGNIFICADO:
"Lagarto de Edmonton (Canadá)"

PERÍODO:
Cretácico

DIETA: Plantas

huesos de unos 10 000 *Edmontosaurus* en una misma área.

Cráneos increíbles

Cráneos fósiles de todas las formas y tamaños nos revelan qué comían los dinosaurios, si veían bien y cómo se defendían.

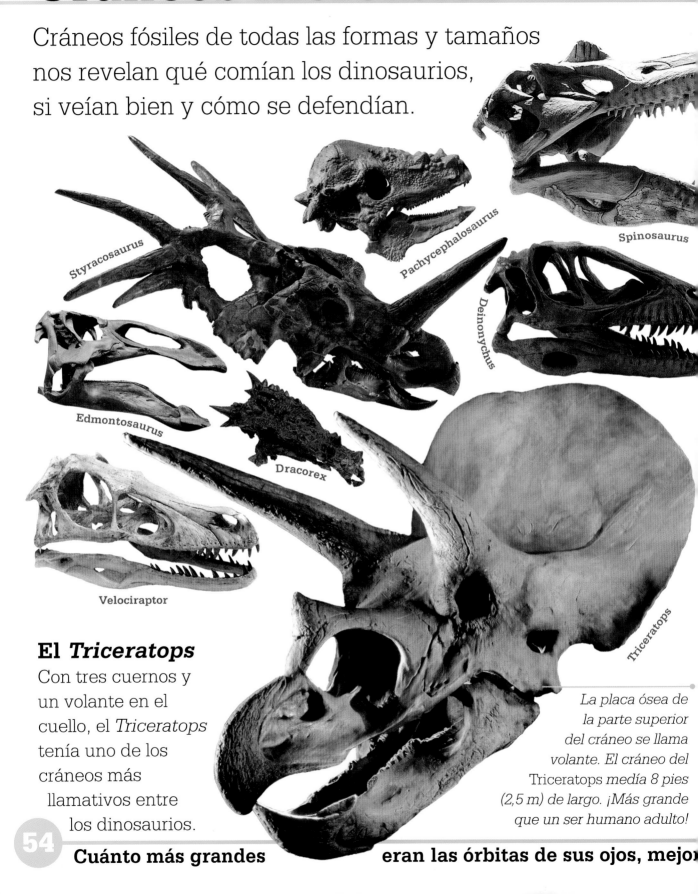

Styracosaurus

Pachycephalosaurus

Spinosaurus

Deinonychus

Edmontosaurus

Dracorex

Velociraptor

Triceratops

El *Triceratops*

Con tres cuernos y un volante en el cuello, el *Triceratops* tenía uno de los cráneos más llamativos entre los dinosaurios.

La placa ósea de la parte superior del cráneo se llama volante. El cráneo del Triceratops medía 8 pies (2,5 m) de largo. ¡Más grande que un ser humano adulto!

Cuánto más grandes **eran las órbitas de sus ojos, mejor**

Ingenia

Saurolophus

Parasaurolophus

Tarbosaurus

Falcarius

Protoceratops

Cryolophosaurus

Tyrannosaurus

T. rex

El cráneo del *T. rex* medía unos
5 pies (1,5 m) de largo. Las órbitas
de sus ojos medían 4 pulgadas
(10 cm) de ancho: ¡sus ojos eran
tan grandes como pelotas de tenis!

veía el dinosaurio. ¿Cuáles crees que veían bien?

Velociraptor contra *Protoceratops*

El *Velociraptor* era un depredador pequeño pero feroz. Se cree que cazaba en grupo. A los dinosaurios como el *Protoceratops* les era difícil sobrevivir el ataque de los *Velociraptors* hambrientos.

Con un golpe de cola podía tumbar al suelo al Velociraptor.

Velociraptor

El Protoceratops no podía ver dónde estaba cada Velociraptor de la manada.

La pelea
El *Velociraptor* atacaba al *Protoceratops*, que era de tamaño similar. ¿Cuál de los dos dinosaurios ganaría la pelea?

El Velociraptor tenía un plumaje ligero.

VELOCIRAPTOR

SIGNIFICADO:
"Ladrón veloz"

DIETA: Carne

PROTOCERATOPS

SIGNIFICADO:
"Primera cara con cuernos"

DIETA: Plantas

PERÍODO:
Cretácico

El Velociraptor clavaba afiladas garras de sus c patas en el Protocerato halaba para derribarlo.

Resultado: El *Protoceratops* podía herir al *Velociraptor*,

Una garra afilada en cada pata para rasgar la piel.

Protoceratops

La cabeza grande y el morro puntiagudo para enfrentar y morder al Velociraptor.

Sus pequeños y afilados dientes penetraban la dura piel del Protoceratops.

Velociraptor

Protoceratops

Pelea de dinosaurios

En 1971 se descubrieron en el desierto de Gobi, en Mongolia, fósiles de un *Velociraptor* y un *Protoceratops* en plena lucha.

57

pero un solo *Protoceratops* nunca vencería a una manada.

Dinosaurios voladores

El *Microraptor*, descubierto en China en 2000, es el dinosaurio más pequeño que se ha hallado. Tenía plumas en sus patas, y se cree que planeaba en los bosques con todas las extremidades extendidas.

Probablemente la cola le servía al dinosaurio para mantener el equilibrio al planear.

Nadie sabe de qué color eran sus plumas. Quizás eran de vivos colores.

Dinopájaros

Muchos paleontólogos creen que el *Microraptor* fue un antecesor de las aves que vemos hoy en día.

El Microraptor tenía garras en las alas delanteras que quizás usaba para trepar a los árboles.

El *Ankylosaurus*

El *Ankylosaurus* y el *Gastonia* eran anquilosáuridos. A pesar de ser herbívoros y lentos, eran muy fuertes y capaces de defenderse.

Con un golpe de cola podía herir gravemente a su rival.

Ankylosaurus

Gastonia

Es probable que este dinosaurio no ganara ninguna carrera, pero movía con agilidad su cola con un mazo en la punta.

El *Gastonia* tenía placas óseas que protegían sus ojos.

La armadura

La mejor defensa que tenía el *Ankylosaurus* era su cuerpo. Era un dinosaurio pesado y corpulento, protegido por gruesas bandas de huesos con placas o espinas óseas.

La única manera de herir a estos dinosaurios tan bien

Cómo evitar ser devorado

Se cree que algunos anquilosáuridos vivían en grupos. Otros dinosaurios herbívoros, como el *Protoceratops*, también andaban en grandes manadas para poder defenderse.

Colas defensivas

La cola era un arma clave en las peleas de dinosaurios. Un fuerte latigazo podía tomar por sorpresa o herir incluso al más fiero rival.

El Ankylosaurus *tenía una cola huesuda, como un mazo, con la que daba golpes demoledores.*

El Kentrosaurus *y el* Stegosaurus *tenían colas con púas que podían rasgar la piel.*

El Supersaurus *quizás usaba su cola para azotar a sus enemigos.*

protegidos era voltearlos y atacarlos por la panza.

El fabuloso *T. rex*

Imagina encontrarte frente a esa inmensa cabeza y una boca con 58 dientes: ¡Encantado de conocerle, *Tyrannosaurus rex*!

Un rey inmenso

El *T. rex* era un dinosaurio GIGANTE con una cabeza inmensa, fuertes patas traseras y cortas patas delanteras, que apenas llegaban a su boca.

¡El T. rex *pesaba lo mismo que 200 niños de ocho años!*

TYRANNOSAURUS REX

SIGNIFICADO:
"Lagarto tirano rey"

PERÍODO:
Cretácico

DIETA: Carne

Dientes aterradores

El *T. rex* tenía dientes tan afilados como puñales para desgarrar la carne, y tan gruesos como bananas, para quebrar los huesos.

Su mordida era ocho veces más potente que la de un león.

El T. rex *podía abrir muy grande la boca y tragar enteros a otros dinosaurios pequeños.*

T. rex y sus amigos

Antes se creía que el *T. rex* vivía solo, pero restos hallados en el desierto de Gobi, en Mongolia, sugieren que los *T. rex* quizás vivían en manadas.

¡UN DESCUBRIMIENTO!

Un golpe de suerte

¡Y todo por un pinchazo!

En el verano de 1990, Sue Hendrickson y un equipo de paleontólogos andaban buscando fósiles en Dakota del Sur. Al vehículo en el que iban se le pinchó una goma. Mientras cambiaban la goma, Sue fue a examinar una roca que le llamó la atención. Resultó ser el fósil del *Tyrannosaurus rex* más grande que se haya descubierto. Al dinosaurio lo llamaron Sue.

Sue vivió hace 67 millones

El *TYRANNOSAURUS REX* MÁS GRANDE

En la página siguiente verás como el equipo desenterró a Sue y reconstruyó todo el esqueleto.

Sue, la humana, y el equipo con el cráneo de Sue, el *T. rex*.

Una gran exhibición

El esqueleto de Sue que se muestra en un museo es en realidad una copia. Sus huesos reales son demasiado valiosos: están en un sitio protegido para evitar que se dañen.

El cráneo y los dientes de Sue son inmensos. ¡Qué suerte que ya no puede engullirnos!

e años

y MÁS COMPLETO jamás descubierto

¿Qué edad tiene?

Junto a Sue había plantas fosilizadas. Los expertos en plantas las examinaron para determinar cuándo había vivido Sue. Los geólogos (expertos en rocas) también analizaron las rocas donde se hallaron los fósiles del *T. rex*. Entre todos llegaron a la conclusión de que Sue vivió hace unos 67 millones de años.

Los expertos usaron escaners para fotografiar los huesos, y luego crearon una imagen digital de Sue en computadora.

Detectives

Observando sus huesos, el equipo determinó que:

• Sue recibió varias heridas en peleas con otros dinosaurios, incluso sufrió fracturas de huesos que luego se curaron.

• Sus huesos mostraban señales de artritis, una enfermedad de los huesos que los humanos padecen al envejecer.

Excavar a Sue

¿Dónde estaba Sue?

Sue fue descubierto en Dakota del Sur, donde se han hallado muchos fósiles. Sue Hendrickson y el equipo también hallaron allí fósiles de *Edmontosaurus*.

Excavar a Sue

El equipo excavó los huesos de Sue, quitando las rocas que los cubrían con utensilios y brochas. Seis personas trabajaron 17 días para excavar a Sue.

Limpiar a Sue

Especialistas en fósiles limpiaron con mucho cuidado los huesos, usando diminutos utensilios. Aquí se ve como limpian la mandíbula de Sue.

Reparar los huesos de Sue

Los paleontólogos analizaron cada hueso y repararon algunos. El cráneo de Sue había sido aplastado por las rocas. ¡Tomó 3.500 horas restaurarlo!

Los científicos creen que Sue tenía 28 años al morir.

Proteger a Sue

Se abrió un amplio foso alrededor de los huesos. Luego lo llenaron con yeso líquido, que al endurecerse protegía los huesos.

De vuelta al laboratorio

Los paleontólogos llevaron los huesos a su laboratorio en camiones. Tuvieron mucho cuidado para no dañarlos al transportarlos.

Llenar los vacíos

Algunos huesos de Sue no se hallaron. Así que los paleontólogos determinaron cómo eran esos huesos y los reconstruyeron ellos mismos.

El esqueleto completo de Sue

Uno a uno, fueron armando los huesos del *T. rex* más completo que se ha encontrado. En Chicago se exhibe una copia de ese esqueleto.

Quizás esa era una edad avanzada para un dinosaurio.

El *Triceratops*

El *Triceratops,* que parecía un rinoceronte gigante, debió ser un habitante fabuloso del Cretácico.

Tres cuernos

El *Triceratops* tenía tres grandes cuernos y un increíble volante en el cuello. Se cree que los machos se peleaban por las hembras, dándose cabezazos y esgrimiendo los cuernos.

El volante probablemente ayudaba al dinosaurio a protegerse del frío o el calor.

¡Cada cuerno medía más de 3 pies (1 m) de largo!

El Triceratops *desgarraba la comida con su boca de pico. Sus dientes (tenía como 800) trituraban las plantas.*

Cabezas increíbles

El *Triceratops* era parte de la familia de los ceratópsidos, o dinosaurios con cuernos. Todos los ceratópsidos tenían cabezas increíbles.

Defensa

El *Triceratops* vivía en manadas para protegerse. Con sus cuernos se defendía de grandes depredadores, quizás incluso del *T. rex*.

TRICERATOPS

SIGNIFICADO:
"Cara de tres cuernos"

PERÍODO:
Cretácico

DIETA: Plantas

El fin de los dinosaurios

Los fósiles muestran que hace 65 millones de años, por alguna razón, muchos dinosaurios se extinguieron, es decir, murieron todos los ejemplares de la especie, de repente. Nadie sabe qué sucedió.

El meteorito ¿El desastre vino del espacio?

Hay indicios de que un meteorito (una roca del espacio) se estrelló contra la Tierra hace 65 millones de años sobre la península de Yucatán, en México.

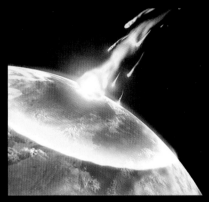

El meteorito debió viajar a 34 millas por segundo (55 kps). ¡El impacto debió ser terrible!

El impacto pudo causar terremotos, maremotos y erupciones volcánicas en todo el mundo.

Una nube de polvo volcánico pudo impedir el paso de la luz del sol, matando a las plantas.

ammonoideos

Otras extinciones
Muchos reptiles marinos o voladores y muchos animales marinos (como estos ammonoideos) también se extinguieron hace 65 millones de años.

Muchos animales sobrevivieron al meteorito y esos son

*El impacto de un
meteorito pudo hacer
que el clima cambiara
de manera radical, y
que los dinosaurios
no se adaptaran.*

Adiós, dinosaurios

Ninguna criatura terrestre
que haya existido desde
entonces ha sido tan grande,
poderosa e impresionante
como los dinosaurios.

los animales que conocemos hoy. Nadie sabe por qué.

Las aves del terror vivieron en América del Norte y del Sur entre 60 millones y 2 millones de años atrás.

Ave del terror

Se cree que estas fieras aves, ya extintas, son parientes de los dinosaurios y las aves actuales.

ave del terror

El ave del terror medía 8 pies (2,4 m) de alto.

Los huesos huecos de las aves no se fosilizan bien, por eso

Dinosaurios de hoy

¿Y si no han desaparecido todos? Se cree que las aves actuales son parientes de los dinosaurios.

Archaeopteryx

El *Archaeopteryx*

El *Archaeopteryx*, un dinosaurio del período Jurásico, es la primera ave conocida. Tenía plumas, dientes y una cola huesuda.

El hoacín

El polluelo del hoacín tiene garras en las alas, que usa para trepar a los árboles, como hacía quizás el *Archaeopteryx*.

Los pollos

Los científicos compararon hace poco los huesos del pollo con los del *T. rex,* y vieron que eran muy parecidos.

Los casuarios

El casuario de Nueva Guinea y Australia tiene una cresta ósea como la del *Lambeosaurus* (ver págs. 18–19 y 53).

es difícil saber cómo han cambiado las aves con el tiempo.

Historia del descubrimiento

Hace solo 200 años que se descubrieron los dinosaurios. Desde entonces se han hallado muchas pruebas de su existencia.

1824

El científico británico William Buckland anuncia que el hueso hallado por Plot es de un Megalosaurus, una especie de criaturas gigantescas a las que por primera vez se les llama "dinosaurios" en 1841.

0 dC

En China se hallan grandes huesos y se piensa que son de dragones que echan fuego por la boca. Probablemente eran de dinosaurios.

1825

Gideon Mantell descubre en Inglaterra los huesos de un animal al que nombra Iguanodon.

Iguanodon

1676

Robert Plot descubre un hueso inmenso en Inglaterra. Piensa que debió ser de un humano gigantesco.

1823

Mary Anning descubre los restos del Plesiosaurus, un gran reptil marino, cerca de su casa en Inglaterra. Esto prueba que alguna vez hubo en la Tierra grandes animales que ya no existen.

Plesiosaurus

La tecnología moderna y los nuevos fósiles siguen

águila

1938

Se descubre en Texas el rastro de Glen Rose. Estas huellas de un gran carnívoro y un saurópodo fueron descubiertas por el estadounidense Roland T. Bird.

2005

Estudios de fósiles del Archaeopteryx muestran que las aves podrían estar emparentadas con los dinosaurios.

1990

Sue Hendrickson descubre el T. rex más grande y más completo que se ha hallado.

1923

El estadounidense Roy C. Andrews encabeza la expedición que descubre los primeros huevos completos de un dinosaurio Oviraptor, en Mongolia.

2010

Se descubre por primera vez el color exacto de un dinosaurio. Las plumas fosilizadas de un Anchiornis muestran que era blanco y negro.

75

proveyendo datos. ¿Cuál será el próximo descubrimiento?

Glosario

carnívoro
Devorador de carne. Animal que obtiene el alimento que necesita para vivir cazando a otros animales y devorándolos, o comiendo los cadáveres de animales que encuentra ya muertos.

coprolito
Heces fecales de un animal convertidas en fósil.

Cretácico, período
Tercer y último período de la era Mesozoica; comenzó hace 145 millones de años y terminó hace 65 millones de años. Durante este período se formó la mitad del petróleo que hay en la Tierra.

depredador
Animal que caza y devora a otros animales.

dinosaurio
Reptil generalmente muy grande con cuatro extremidades y piel escamosa o cubierta de plumas. Los dinosaurios ponían huevos y eran animales terrestres. Desaparecieron hace 65 millones de años, pero sus descendientes, las aves, viven en la actualidad.

era
Espacio de tiempo muy largo de la historia de la Tierra.

esqueleto
El conjunto de todos los huesos que hay en el cuerpo de un animal.

extinto
Animal que ya no existe, pues han muerto todos los ejemplares de la especie.

fósil
Restos antiguos de un animal o una planta que vivió hace mucho tiempo. Los fósiles pueden ser restos de animales muertos, huellas o incluso una planta preservada dentro de una roca.

herbívoro
Devorador de hierbas. Animal que obtiene el alimento que necesita comiendo plantas.

ictiosaurio
Reptil nadador grande que existió en la época de los dinosaurios.

Jurásico, período
Período medio de la era Mesozoica. Comenzó hace 199 millones de años y acabó hace 145 millones de años. En esta época comenzaron a separarse los continentes, y los dinosaurios dominaban la Tierra.

manada
Grupo de animales que viven o viajan juntos.

meteorito
Pedazo de roca o metal procedente del espacio

que choca con la Tierra.

Mesozoica, era

Período que comenzó hace 250 millones de años y terminó hace 65 millones de años. Se le llama "la era de los dinosaurios", y está dividida en tres períodos. Ver *Triásico, Jurásico* y *Cretácico*.

paleontólogo

Científico que estudia la flora y la fauna prehistóricas.

presa

Animal que es devorado por otros animales.

pterosaurios

Reptil volador con alas parecidas a las de los murciélagos, hechas de piel extendida. Estos animales vivieron en la misma época que los dinosaurios.

reptil

Animal de sangre fría y piel escamosa que pone huevos para reproducirse. Las serpientes y los cocodrilos son reptiles; los dinosaurios también lo fueron.

saurópodo

Dinosaurio herbívoro, generalmente grande y poco agresivo, que tenía un cuello muy largo y una larguísima cola con forma de látigo.

Triásico, período

Primer período de la era Mesozoica; comenzó hace 251 millones de años y terminó hace 199 millones de años. En este período aparecieron los primeros mamíferos y los primeros dinosaurios.

volante

Especie de solapa grande, de piel y huesos, que algunos dinosaurios tenían en la cabeza o en el cuello.

Esta cría de Protoceratops *está rompiendo el cascarón.*

Índice

A

alimentarse 21, 36–37, 54, 63, 68
Allosaurus 12–13, 24–25, 26–27, 32, 42–43, 45
Amargasaurus 39, 48
Anchiornis 75
Andrews, Roy C. 75
anquilosáurido 60–61
Ankylosaurus 11, 17, 60–61
Anning, Mary 74
Apatosaurus 27, 39, 45
Archaeopteryx 26, 73, 75
Argentina 14, 30
Argentinosaurus 10–11, 38
ave 20, 35, 58, 72–73, 75

B

Bird, Roland T. 75
Buckland, William 74

C

Canadá 16, 17, 18, 53
Camarasaurus 8–9, 33
carnívoro 7, 9, 10, 14–16, 26, 28, 30, 31, 40, 41, 42, 45, 51, 56, 62–63, 76
cazar 10, 16, 21, 30, 40, 56–57, 63
Cenozoica, era 13
Ceratópsido 69
Ceratosaurus 32–33
China 16, 34, 58, 74
Coelophysis 12, 14, 31, 33
cola 9, 11, 17, 30, 37, 41, 43, 56, 58, 60–61, 73
color 9, 58, 75

Compsognathus 15, 27, 40–41
Cope, Edward Drinker 32–33
correr 10, 18, 20, 30, 41, 43, 50
Corythosaurus 48, 53
cráneo 10, 22–23, 30, 52, 53, 54–55, 64–65, 66
Cretácico, período 12–13, 19, 46–49, 78
cría 9, 34–35, 77

D

defensa 11, 17, 37, 42–43, 50, 60–61, 69
Deinonychus 11, 54
dientes 9, 11, 17, 19, 30, 36, 40, 41, 42–43, 50, 51, 57, 62, 63, 68, 73
Diplodocus 14–15, 32, 36–37

Dromaeosaurus 49, 78

E

Edmontosaurus 16, 52–53, 54, 66
Estados Unidos 14–17, 18, 31, 32–33, 34, 66, 75
Europasaurus 38
extinción 12–13, 28, 70–71, 72, 76

F

fósil 6–7, 9, 10, 11, 14–17, 18–19, 20–21, 22–23, 24–25, 30, 32–33, 34–35, 37, 38, 40–41, 44–45, 46–47, 50, 53, 57, 60–61, 64–67, 74–75, 76

El Dromaeosaurus *fue un veloz dinosaurio del Cretácico que tenía dientes muy afilados y una garra jorobada en cada extremidad.*

G

Gallimimus 10, 49

garras 9, 11, 33, 43, 51, 56–57, 59, 73

Gastonia 60–61

Ciganotosaurus 10, 48

H

hadrosaurio 11, 18, 52–53, 54

Hendrickson, Sue 64, 66, 75

Herrera, Victorino 30

Herrerasaurus 14, 26, 30

herbívoro 8, 11, 14–15, 19, 26, 36, 42, 50, 52–53, 56, 60, 68–69, 76

huella 20, 37, 75

huevo 10, 21, 34–35, 36, 38, 75, 77

I

ictiosaurio 29, 76

Iguanodon 15, 23, 50, 74–75

Inglaterra 50, 74

insecto 12, 29

J

Jurásico, período 12–13, 24–27, 36, 44–45, 73

K

Kentrosaurus 27, 61

L

Lambeosaurus 18–19, 53, 73

Liopleurodon 28–29

M

Maiasaura 10, 34–35

mamífero 12, 13, 23, 29

manada 16, 37, 50, 52, 61, 69, 76

Mantell, Gideon 23, 74

Marsh, Othniel Charles 32–33

Megalosaurus 41, 74

Mesozoica, era 13, 76

meteorito 70–71, 76

México 18, 70

Microraptor 11, 58–59

Mongolia 16, 17, 35, 57, 63, 75

Monumento Nacional de Dinosaurio 44–45

N

nido 34–35

O

ojos 19, 31, 52, 54–55, 60

Oviraptor 35, 49, 75

P Q

Pachycephalosaurus 22–23, 54

paleontólogo 18, 20–21, 22–23, 32–33, 44, 52–53, 58, 64–67, 74–75, 77

Paleozoica, era 12

Parasaurolophus 53, 55

patas 9, 18, 30, 36, 43, 50, 56, 58, 62

pelea 22, 25, 33, 42–43, 56–57, 60–61, 65, 68

pez 12, 21, 28–29, 51

piel 8, 9, 11, 20, 39, 42, 57

Plesiosaurus 74

Plot, Robert 74

plumas 8, 9, 16, 20, 41, 56, 58, 59, 73, 75

Precámbrica, era 12

Protoceratops 35, 55, 56–57, 61, 77

pterosaurio 28–29, 77

R

reptil 8, 12–13, 28–29, 31, 35, 52, 70, 74, 77

S

saurópodo 9, 36–39, 75, 77

Spinosaurus 16, 51, 54, 60

Stegosaurus 15, 24–25, 32, 42–43, 45, 61

"Sue" (*T. rex*) 64–67, 75

Supersaurus 61

T U

Therizinosaurus 11

Torosaurus 10, 49

Triásico, período 12–13, 24–27, 30–31, *77*

Triceratops 17, 32, 46–47, 54, 68–69

Troödon 41, 48

Tyrannosaurus rex 6–7, 8–9, 17, 41, 51, 55, 62–67, 69, 73, 75

V W X Y Z

Velociraptor 13, 16, 54, 56–57, 78

volante 17, 47, 54, 68, 77

volar 9, 28–29, 73

Agradecimientos

Photography

6–7: Dorling Kindersley/Getty Images; 8bl: defpicture/Shutterstock; 9cr: Louie Psihoyos/Getty Images; 10–11 (background): Nataliia Natykach/Shutterstock; 10–11 (all frames): Iakov Filimonov/Shutterstock; 11tr: Francois Gohier/Photo Researchers, Inc.; 12 (dragonfly): Media Bakery; 13 (human): Image Source/Corbis; 18–19: Stephen J Krasemann/age fotostock; 19cl: Mark Garlick/Science Photo Library; 19cr: Francois Gohier/Photo Researchers, Inc.; 20tl: thinkdo/Shutterstock; 20tr: Terence Walsh/Shutterstock; 20bl: Francois Gohier/Photo Researchers, Inc.; 20bc: Vladimir Sazonov/Shutterstock; 20br: Mariya Bibikova/iStockphoto; 21tl: Ted Kinsman/Photo Researchers, Inc.; 21tr: Sinclair Stammers/Photo Researchers, Inc.; 21bl: British Antarctic Survey/Science Photo Library; 21br: Philip Hattingh/iStockphoto; 22–23 (skull): Jim Lane/Alamy; 23tr: Paul D Stewart/Science Photo Library; 23cr: Science Source/Photo Researchers, Inc.; 24–25: All rights reserved, Image Archives, Denver Museum of Nature & Science; 29crt: iStockphoto/Thinkstock; 30br: Boris Mrdja/iStockphoto; 32–33 (all): Louie Psihoyos/Science Faction/Corbis; 34l: Louie Psihoyos/Corbis; 35t: AP Photo/Denis Finnin and Mick Ellison, copyright American Museum of Natural History; 36br: Chris Waits/flickr; 37bl: Francois Gohier/Photo Researchers, Inc.; 37br: Gamma-Keystone via Getty Images; 40tl: NHPA/SuperStock; 40cl: iStockphoto/Thinkstock; 41tr: Louie Psihoyos/Getty Images; 41 (all other teeth): Colin Keates/Getty Images; 44–45: Louie Psihoyos/Getty Images; 46–47: Francois Gohier/Photo Researchers, Inc.; 53tl: Albert Copley/Visuals Unlimited/Corbis; 53tc: Stephen J Krasemann/age fotostock; 53tr: D. Gordon E. Robertson/Wikipedia; 54 (*Styracosaurus*): Ira Block/National Geographic/Getty Images; 54 (*Pachycephalosaurus*): Ballista from the English Wikipedia; 54 (*Spinosaurus*): author Kabacchi, uploaded by FunkMonk/Wikipedia; 54 (*Edmontosaurus*): Wikipedia; 54 (*Dracorex*): Wikipedia; 54 (*Deinonychus*): Thinkstock; 54 (*Velociraptor*): Thinkstock; 54 (*Triceratops*): Science Faction/SuperStock; 55 (*Parasaurolophus*): D. Gordon E. Robertson/Wikipedia; 55 (*Ingenia*): Wikipedia; 55 (*Saurolophus*): Natalia Pavlova/Dreamstime; 55 (*Falcarius*): Paul Davies/Dreamstime; 55 (*Tarbosaurus*): Rozenn Leard/Dreamstime; 55 (*Protoceratops*): Francois Gohier/Photo Researchers, Inc.; 55 (*Tyrannosaurus*): Marques/Shutterstock; 55 (*Cryolophosaurus*): Wikipedia; 57br: Louie Psihoyos/Corbis; 60–61: Francois Gohier/Photo Researchers, Inc.; 64–65: Millard H. Sharp/Photo Researchers, Inc.; 64bl, 64br: Black Hills Institute; 65tr: AP Photo/Randy Squires;

66tl, 66tr: Black Hills Institute; 66bl: Corbis; 66br: The Field Museum; 67tl, 67tr: Black Hills Institute; 67bl: National Geographic Stock; 67br: Craig Lovell/Corbis; 70tc, 70tr, 70bl, 70bc: Thinkstock; 73ct: Vladimir Sazonov/Shutterstock; 73cm: Tony Camacho/Photo Researchers, Inc.; 73cb, 73b: Thinkstock; 74–75 (timeline): Anton Prado Photo/Shutterstock; 74tl: Thinkstock; 74bl: Roblan/Shutterstock; 74bc: public domain; 74br: Natural History Museum, London/Photo Researchers, Inc.; 75tr: Thinkstock; 75c: Black Hills Institute; 75br: Viorika Prikhodko/iStockphoto.

Artwork

1: Cary Wolinsky/Getty Images; 4–5 (background): MasPix/Alamy; 8tl: Francois Gohier/Photo Researchers, Inc.; 12 (tetrapod): Victor Habbick Visions/Photo Researchers, Inc.; 12 (*Coelophysis*): Natural History Museum, London/Science Photo Library/Photo Researchers, Inc.; 12–13 (Allosaurus): Roger Harris/Photo Researchers, Inc.; 17tr: Roger Harris/Photo Researchers, Inc.; 29tr: photobank.kiev.ua/Shutterstock; 34–35: Natural History Museum, London; 35bl: Christian Darkin/Photo Researchers, Inc.; 35br: Chris Howes/Wild Places Photography/Alamy; 36–37 (t background): MasPix/Alamy; 39t: Computer Earth/Shutterstock; 40–41: AlienCat/Bigstock; 41cr: Linda Bucklin/Shutterstock; 51l: Walter Myers/Photo Researchers, Inc.; 58–59: Craig Chesek, copyright American Museum of Natural History; 62l: Roger Harris/Photo Researchers, Inc.; 62–63: DM7/Shutterstock; 63br: Roger Harris/Photo Researchers, Inc.; 65b: Tim Boyle/Getty; 68–69 (background): Christian Darkin/Photo Researchers, Inc.; 68bl: Ozja/Shutterstock; 69t: Christian Darkin/Photo Researchers, Inc.; 70tl: Thinkstock; 71: Julian Baum/Photo Researchers, Inc.; 73t: Ralf Juergen Kraft/Shutterstock; 77: Chris Howes/Wild Places Photography/Alamy; all other artwork: pixel-shack.com.

Cover

Background: Baloncici/Crestock. Front cover: (tl) Handout/Reuters/Corbis; (c) Radius Images/Corbis; (bl) Phil Degginger/Alamy; (br) Friedrich Saurer/Photo Researchers, Inc. Spine: pixel-shack.com. Back cover: (tl) Corbis; (tcl) pixel-shack.com; (tcr) Dreamstime; (tr) pixel-shack.com; (computer monitor) Manaemedia/Dreamstime.